Veröffentlichungen des Forschungsinstituts für vergleichende Religionsgeschichte an der Universität Leipzig
Herausgegeben von **Prof. Dr. Hans Haas** Nr. 7

Die Verkehrswege zwischen China, Indien und Rom um 100 nach Chr. Geb.

Originalkarte in Zweifarbendruck mit erläuterndem Text

von

Dr. Albert Herrmann
Charlottenburg

Leipzig
J. C. Hinrichs'sche Buchhandlung
1922

VERÖFFENTLICHUNGEN
DES STAATLICHEN FORSCHUNGSINSTITUTS FÜR VERGLEICHENDE RELIGIONSGESCHICHTE AN DER UNIVERSITÄT LEIPZIG

HERAUSGEGEBEN VON PROF. DR. HANS HAAS

Nr. 1. **Religionsgeschichtliche Bibliographie**
Jahrgang I/II, III/IV, V/VI, die Literatur der Jahre 1914 und 1915, bzw. 1916 und 1917 sowie 1918 und 1919 enthaltend.
(Wird fortgesetzt)
Verlag von B. G. Teubner, Leipzig.

Nr. 2. **Allgemeine Religionskunde in Bildern.**
Probelieferung: Die Buddha-Legende auf den Flachreliefs der ersten Galerie des Stupa von Boro-Budur (Java).
(Erklärender Text in Vorbereitung)
Eine Probelieferung hiervon ist nur direkt von dem Forschungsinstitut, Abteilung für vergl. Religionsgeschichte, Leipzig, Universitätsstraße 13, durch Herrn Prof. Dr. Haas zu beziehen

Nr. 3. **Heinrich Frick,** Ghazālīs Selbstbiographie. Ein Vergleich mit Augustins Konfessionen.

Nr. 4. **Hans Leisegang,** Pneuma hagion. Der Ursprung des Geistbegriffs der synoptischen Evangelien aus der griechischen Mystik.

Nr. 5. **Hans Haas,** „Das Scherflein der Witwe“ und seine Entsprechung im Tripiṭaka.

Nr. 6. **Hans Haas,** Bibliographie zur Frage nach den Wechselbeziehungen zwischen Buddhismus und Christentum.
(Nr. 6 als Anhang auch in Nr. 5 enthalten)

Nr. 7. **Albert Herrmann,** Die Verkehrswege zwischen China, Indien und Rom um 100 nach Chr. Geb. (Originalkarte in Zweifarbendruck mit erläuterndem Text, als Beilage XIX auch in Nr. 5 enthalten).

Nr. 3 – 7 Verlag der J. C. Hinrichs'schen Buchhandlung, Leipzig.

Die Verkehrswege zwischen China, Indien und Rom um 100 n. Chr. Geb.

Literatur.

F. v. Richthofen, China I, Berlin 1877, S. 454 ff.; ders., Über die zentralasiatischen Seidenstraßen bis zum 2. Jahrh. n. Chr.; Verh. d. Gesellschaft für Erdk. Berlin 1877, S. 96 ff.; ders., Über den Seeverkehr nach und von China im Altertum und Mittelalter, ebd. 1876, S. 86 ff. F. Hirth, China and the Roman Orient, 1885; dsgl. Verh. d. Gesellschaft f. Erdk. Berlin 1889, S. 55 ff. H. Nissen, Der Verkehr zwischen China und dem Römischen Reiche; Jahrb. d. Vereins von Altertumsfreunden im Rheinlande, Heft XCV, Bonn 1894, S. 1—28. Radhakumud Mookerji, A History of Indian shipping and maritime activity from the earliest times, 1912. W. H. Schoff, The Periplus of the Erythraean Sea, 1912. Vom Verfasser der vorliegenden Zeilen kommen folgende Arbeiten in Betracht: Die alten Seidenstraßen zwischen China und Syrien, I. Die Seidenstraßen von China nach dem Römischen Reich, Mitt. d. Geogr. Gesellsch. Wien 1915, S. 472 ff. Ein alter Seeverkehr zwischen Abessinien und Süd-China bis zum Beginn unserer Zeitrechnung, Zeitschr. d. Gesellsch f. Erdk. Berlin 1913, S. 553 ff. Die alten Verkehrswege zwischen Indien und Süd-China nach Ptolemäus, ebd. 1913, S. 771 ff. Kattigara, Paulys Realencykl. d. klass. Altertums, Neue Bearb., XI, 1921, S. 46 ff. Die Westländer in der chinesischen Kartographie, in Sven Hedins Southern Tibet, Vol. VIII 1922, S. 216 ff.

Niemals stand der antike Weltverkehr auf solcher Höhe wie am Ende des 1. Jahrhunderts n. Chr. Zwei Weltreiche wurden durch ihn einander näher geführt, das Römische und das Chinesische Reich. Jenes faßte damals die verschiedensten Länder von der Nordsee bis zur Sahara, vom Atlantischen Ozean bis zum Euphrat und Kaspischen Meer zu einer Einheit zusammen; in Syrien und Ägypten besaß es die wichtigsten Zugangsstraßen nach dem ferneren Orient.

Auf der anderen Seite hatten in China die Kaiser der Han-Dynastie schon zwei Jahrhunderte vorher ihre Macht weithin nach Westen ausgedehnt. Die siegreichen Feldzüge gegen die Hunnen in der Mongolei und die Entdeckung großer Handelsvölker jenseits der Pamirpässe führten zur Beherrschung des Durchgangsverkehrs durch Zentralasien. Namentlich die Oasenstaaten Ostturkistans standen bald unter chinesischer Verwaltung; um 100 n. Chr. hörten auch die räuberischen Streifzüge der Hunnen auf, ihre ersten Häuptlinge beugten sich vor der Macht des chinesischen Kaisers. So erstreckte sich denn das Chinesische Reich im Norden bis in die Nähe des Baikal-Sees, im Westen bis zu den Pamirpässen, während es im Süden durch Einverleibung von Yünnan und Tongking in Hinterindien festen Fuß faßte.

Durch seine ungeheure Machterweiterung stand China damals unweit vor den Toren Indiens, das in wirtschaftlicher und geistiger Beziehung eine besondere Kulturwelt darstellte. Seine Schwäche zeigte dieses alte Wunderland nur in seiner politischen Zersplitterung. Im Nordwesten geboten nacheinander sogar fremde Dynastien. Auf Alexander den Großen und die Diadochen waren dort zuerst sakische Fürsten gefolgt, die Anführer kräftiger Bergstämme, die aus den Hochtälern des Pamir und Hindukusch herabgestiegen waren. Aber nicht lange Zeit darauf geriet das von ihnen begründete Sakastana in Verfall; denn schon vor Mitte des 1. Jahrhunderts n. Chr. kam im Induslande der arsakidische Fürst Hyndopherres (Gondophares) empor, um seine Herrschaft nördlich bis Gandhara und westlich bis Arachosien auszudehnen. Als mit seinem Tode wieder eine politische Verwirrung eingetreten war, gewann, von dem benachbarten Baktrien aus, eine skythische Dynastie die Herrschaft; es waren die Kuschan, ein Zweig der Yüe-tschi oder Tocharer, die zwei Jahrhunderte vorher aus Zentralasien in Sogdiana und Baktrien eingedrungen waren. Nunmehr geboten die Kuschan vom Oxus bis zum Ganges, vom Hindukusch bis zum unteren Indus; als Beherrscher eines so ausgedehnten Reiches waren sie zugleich die besten Förderer von Handel und Verkehr zwischen Indien und den Nachbarländern.

Mit dem römischen Orient vermittelten vor allem zwei Handelsvölker Vorderasiens, die Parther und die Araber. Das Partherreich beherrschte den Landverkehr vom Oxus bis zum Euphrat, und obgleich die Macht des dort regierenden Arsakidenhauses schon im Schwinden war, der Kaufmann ließ sich die Vorteile des Zwischenhandels nicht entreißen.

Unter den Arabern nahmen die im Süden der Halbinsel wohnenden Sabäer und Homeriten die Vormachtstellung ein. Ihre Heimat Yemen war nicht nur ein gesegnetes Gartenland, sondern auch reich an Gold- und anderen Erdschätzen, mit dem Weihrauch von Hadramaut versorgten sie den ganzen Erdkreis. Als Händler und Seefahrer waren sie die Phönizier des Indischen Ozeans. Dort hatten sie überall ihre Faktoreien, in den Häfen Indiens sowohl wie am Roten Meer und am Persischen Golf. Trotz der scharfen Konkurrenz des römischen Ägyptens blieben sie doch die ersten Vermittler im Seeverkehr mit dem ferneren Osten und beherrschten zugleich den Binnenhandel auf der ganzen Halbinsel; denn Arabia felix — so lautete bei den Römern der politische Begriff — erstreckte sich an den Küsten entlang bis nach Mesopotamien.

Schon aus den gegenseitigen Beziehungen der eben geschilderten Welt- und Großreiche können wir auf den Verlauf der Verkehrsstraßen gewisse Schlüsse ziehen; im einzelnen unterrichten uns hierüber griechisch-römische und chinesische Quellen, sowie die letzten archäologischen Ergebnisse in Ostturkistan.

Beginnen wir mit dem Landweg, der in jener Zeit vor dem Seewege bevorzugt wurde. Allerdings führte er von China aus Hunderte von Meilen durch die Sandwüste Ostturkistans, dann über die oft tiefverschneiten Pamirpässe; auch in Vorderasien waren ausgedehnte öde Steppenregionen zu überwinden. Aber unterbrochen wurde das unfruchtbare Hochland durch üppige Oasenlandschaften, deren Bewohner die Reisenden mit allem Notwendigen versorgten; militärische Stationen und Haltepunkte zum Wechseln der Pferde sicherten dazu den Durchgangsverkehr.

Die großen Straßenzüge, welche die Verbindung mit Indien oder dem Römischen Reich herstellten, nahmen damals ihren Ausgang im äußersten Nordwesten des eigentlichen Chinas, nämlich in den Toren Yü-men und Yang, welche am Ende desjenigen Teils der Großen Mauer lagen, den Aurel Stein im Wüstensande westlich von Tun-huang wieder aufgedeckt hat; die Trümmer von Wachtürmen, Sektionsstationen, Magazinräumen usw. legen noch heute ein beredtes Zeugnis davon ab, welch lebhaftes Treiben sich in der jetzt so öden Sandwüste damals abgespielt hat.

Auch in Ostturkistan waren früher die Verkehrsverhältnisse weit günstiger als heute. Gegenwärtig ist nur ein einziger Karawanenweg von Bedeutung, der den Osten mit dem Westen verbindet; er führt quer durch die Gobi nach Hami und von dort am Südfuße des Tien-schan entlang über Turfan, Karaschahr, Kutscha und Aksu nach Kaschgar. Im Altertum gab es zwei oder vielmehr drei Straßen: die Nord-, die Süd- und die Mittelstraße. Die alte Nordstraße stimmt im wesentlichen mit der jetzigen Route überein; nur hat sie den Vorteil, daß sie vom Yü-men-Tor aus Turfan nicht auf dem Umwege über Hami erreichte, sondern auf direktem Wege in nordwestlicher Richtung.

Die alte Südstraße hielt sich in der Nähe des Kwen-lun-Gebirges; zu ihren wichtigsten Stationen zählten die heutigen Oasen Tscharkhlik, Tschertschen, Khotän und Yarkänd. Aber auf weite Strecken, besonders zwischen Tschertschen und Khotän führte sie viel mehr nördlich an Oasenplätzen vorbei, die später ein Opfer der Sandwüste geworden sind, so daß wir sie erst jetzt durch die Ausgrabungen von Sven Hedin und Aurel Stein wieder kennen lernen.

Während sich die Südstraße südlich vom alten Lop-nor hielt, ging die Mittelstraße nördlich an ihr vorbei und erreichte hier zunächst die Stadt Lou-lan, deren Ruinen Sven Hedin inmitten der Lop-Wüste wiedergefunden hat; darauf folgte sie dem alten Mündungslauf des Tarim, um sich zwischen Karaschahr und Kutscha mit der Nordstraße zu vereinigen. Sie ist bis Kaschgar acht Tagereisen kürzer als die beiden anderen Straßen und ist daher für den Durchgangsverkehr anscheinend bevorzugt worden.

Der weitere Verkehr bewegte sich über das Pamirgebirge und den Hindukusch. Während heute hierfür nur eine einzige Straße in Betracht kommt, nämlich die Verbindung zwischen Kaschgar und den Städten Ferghanas über den Teräk-dawan, gab es in alter Zeit mehrere wichtige Pamirstraßen. Ebenso wie heute wurde damals der Teräk-dawan viel benutzt; von da ging es nach Ta-yüan (Ferghana), das wegen seiner vortrefflichen Pferdezucht gern besucht wurde, oder nach den ferneren Ländern im Nordwesten, wie dem Reiche K'ang-kü am Jaxartes und dem Lande der Alanen jenseits des Aralsees. Am lebhaftesten war der Verkehr nach dem Oxusgebiet, so daß er sich auf drei Pamirstraßen verteilte. Am meisten im Gebrauch war die nördlichste Route; da ihr Ausgangspunkt Kaschgar war, fiel sie zunächst mit der Teräk-dawan-Route zusammen; doch dann ging sie weiter westlich über den Tongburun-dawan, folgte eine weitere Strecke dem Surkhab, einem der größten Nebenflüsse des Oxus, und überschritt den Oxus selbst unmittelbar nördlich von Baktra, wo sie sich mit den beiden anderen Pamirstraßen vereinigte. Wenn auch Baktra, das heutige Balkh, nicht der politische Mittelpunkt der mehr in Indien herrschenden Kuschan war, es war immer noch das erste Handelszentrum Ostirans. Auch nahm es sicherlich manche chinesische Waren auf, die nach Indien bestimmt waren; diese gelangten über die Pässe des westlichen Hindukusch und durch das Kabultal nach Puruśapura, der Residenz der Kuschan beim heutigen Peschawar. Von dort standen Wege nach dem Innern Indiens offen, entweder südöstlich nach dem gesegneten Gangesland oder südlich den Indus abwärts nach den Seehandelsplätzen Barbaricum und Barygaza.

Um von Ostturkistan nach Indien zu gelangen, war man aber nicht bloß auf den Umweg über Baktra angewiesen. Es gab auch einen kürzeren, dafür aber viel schwierigeren Gebirgsweg, der zwischen Yarkänd und Khotän südlich abbog und in Puruśapura endigte; im östlichen Hindukusch benutzte er den sogenannten Hängenden Übergang, den wir noch heute auf die schwankenden Stege in der wilden Berglandschaft Kandschut anwenden könnten.

Von Baktra und von Puruśapura führten zwei besondere Landwege nach dem Partherreich und dem ferneren Westen. So war Puruśapura der Ausgangspunkt einer Straße mit folgenden Stationen: Alexandria in Arachosien (Kandahar), Carmana, Persepolis, Susa, Seleucia am Tigris. Von Baktra aus folgte man der altpersischen Reichsstraße, in die auch von Ta-yüan und Sogdiana eine Verkehrsstraße einlief; die wichtigsten Stationen waren damals Antiochia Margiana (Merw), Hecatonpolis (Damgan), Ragae (bei Teheran), Ecbatana und endlich Seleucia. Daneben gab es aber auch einen Wasserweg, der unterhalb Baktra den Oxus und seinen ehemaligen kaspischen Mündungslauf benutzte, das Kaspische Meer durchquerte und in den Unterlauf des Cyrus (Kur) eintrat; er stellte eine bequemere Verbindung mit den Pontusländern her.

Aber sicherlich noch lebhafter war der Landverkehr, der sich nach der römischen Ostprovinz Syrien bewegte. Hier war Antiochia der internationale Mittelpunkt, und in den altphönikischen Industriestädten Tyrus, Sidon und Berytus wurde chinesische Seide zu den verschiedensten Geweben verarbeitet. Um über die Euphratgrenze zu diesen Plätzen zu gelangen, benutzte man die seit alters bekannten Karawanenwege Mesopotamiens, wo als Hauptstationen Seleucia-Ctesiphon, Hatra und Nisibis zu nennen wären; dicht vor der parthisch-römischen Grenze war der wichtigste Sammelpunkt die Handelsstadt Batnae. Wenn nicht Antiochia, sondern Damascus und Tyrus das Ziel der Reisenden waren, dann wird man wohl den kürzeren Weg durch die arabische Wüste vorgezogen haben; denn die Inschriften von Palmyra wissen von weitreichenden Handelsbeziehungen dieses Wüstenstaates zu berichten.

Im Wettbewerb mit diesem weitverzweigten Überlandverkehr stand der Seeverkehr durch den Indischen Ozean. Die Hafenplätze an den Mündungen des Yangtsekiang und Hsikiang waren noch zu unbedeutend, als daß sie als Ausgangsstationen in Betracht kämen. Aus den chinesischen Annalen wissen wir, daß die Seeschiffahrt erst im heutigen Tongking ihren Anfang nahm; dorthin gehört darum auch die Hafenstadt Cattigara des griechischen Geographen Ptolemäus. Zunächst folgte die Fahrt den Küsten Hinterindens, wo indische und vielleicht auch sabäische Handelsplätze angelaufen wurden; der südliche Umweg um Chryse, die heutige Halbinsel Malakka, konnte durch den Übergang über den Isthmus von Balonga, dem heutigen Krah, erheblich abgekürzt werden. Südlich der Gangesmündung nahm die Seeroute einen Landweg auf, der aus der Richtung des südwestlichen Chinas kam. An der Ostküste Vorderindiens pflegte man die Häfen Palura, Maesolia, Sopatma, Poduca, Camara und Comari anzulaufen, indem man Ceylon seitwärts ließ. Die wichtigsten Häfen der Westküste waren Nelcynda, Muziris, Barygaza und Barbaricum an der Indusmündung. Wenn die Schiffsladung nach Mesopotamien oder Syrien bestimmt war, so folgte man weiter der Küste des Partherreichs, um im Persischen Golf die Häfen Harmozia (Hormus), Jonaca (Bushir) und endlich an der Tigrismündung Charax Spasinu zu besuchen. Wenn aber Ägypten der Bestimmungsort war, suchte man einen Weg nach dem Roten Meere auf; und zwar geschah es nicht nur über Barygaza oder Barbaricum, sondern schon von Muziris aus fuhren Handelsschiffe quer über den Ozean, seitdem man es verstand, den regelmäßig wechselnden Monsunwind für die Schiffahrt auszunutzen. Diese drei Linien trafen sich wieder bei der Insel des Dioscorides (Socotra), bei Aromata oder bei Ocelis an der Straße Bab-el-Mandeb, indem man entweder südarabische Handelsplätze wie Cane und Adana (Aden) oder ostafrikanische Stationen wie Malao und Aualites anlief. Im Roten Meer nahm zunächst Adulis, der Hafenort des Axumitischen Reiches, die Frachtschiffe auf; endlich an der ägyptischen Küste wurden die Waren in Berenice, Myos Hormos oder Arsinoë in Empfang genommen, von wo sie auf dem Landwege oder den Nil abwärts nach Alexandria gelangten, jener glänzenden Handelsstadt, die besonders im Orienthandel mit Antiochia wetteiferte.

Es waren, wenn wir das Ganze überblicken, weitverzweigte Weltstraßen, die von den Grenzen Chinas ausgingen und teils den Überlandweg durch Zentral- und Vorderasien, teils den Seeweg über Indien benutzten, um in den römischen Ostprovinzen am Schwarzen oder am Mittelländischen Meere zu enden. Ja, wir haben ein gewisses Recht, diese Linien durch das Mittelmeer bis nach Rom weiterzuführen, das seit dem Augusteischen Zeitalter der bedeutendste Abnehmer der orientalischen Produkte war. Aus China empfing es, meist in syrischer oder ägyptischer Verarbeitung, die kostbare Seide, während es aus Indien Gewürze, Perlen, Edelsteine, Schildpatt und wohlriechende Öle bezog, wogegen es weniger in Waren als in Gold bezahlte.

Ein so ausgedehnter Welthandel hat zum ersten Male die fernsten Kulturvölker einander nähergeführt. Die Inder besaßen schon längst eine Reihe von Handelskolonien bis zum Golf von Siam und lernten durch ihre buddhistischen Vorkämpfer zugleich den Landweg nach China kennen, das sie nach der früher herrschenden Dynastie Cīn oder Mahā (Groß)-Cīn benannten. Anderseits wird ihr Seeverkehr mit den „Yavana“ d. h.

mit den Griechen und Römern, manche von ihnen in die Ostprovinzen des Römerreichs geführt haben. Noch regsamer waren die **Südaraber**, die besonders durch ihren Weihrauchhandel weit herumgekommen waren; so sind es sicherlich sabäische Seefahrer gewesen, welche um Christi Geburt am chinesischen Hof erschienen, um dort dem Kaiser ein lebendes Rhinozeros als Tribut darzubringen. Auch in römischen Märkten wird man oft südarabische Kaufleute gesehen haben. In diesem Zusammenhange ist auch die Legende von den **Weisen aus dem Morgenlande** heranzuziehen; denn ich möchte sie für Astrologen aus Südarabien halten, da ihre Geschenke Gold, Weihrauch und Myrrhen nur auf dieses Land hinweisen.

Was die **Chinesen** betrifft, so scheinen sie in jener Zeit den Seehandel meist den westlichen Völkern überlassen zu haben. Aber auf dem Landwege sind chinesische Beamte und Kaufleute wiederholt nach dem nordwestlichen **Indien** und bis zur Grenze des **Partherreichs** gekommen. Im Jahre 97 n. Chr. drang eine Gesandtschaft unter **Kan Ying** sogar bis **Taoce** am Persischen Golf vor, um sich von hier, wie es in den Annalen heißt, nach dem reichen Lande **Ta Tsʿin** einzuschiffen; aber durch die übertriebenen Erzählungen der Parther über die Gefahren der Seefahrt ließ sie sich wieder zur Umkehr bewegen. Man hat bisher unter Ta Tsʿin gewöhnlich den Römischen Orient und zwar vor allem die Provinz **Syrien** verstehen wollen, aber alle geographischen Angaben der Chinesen weisen unzweideutig nach Südarabien hin, ein neuer Beweis, welche bedeutende Rolle es im Handelsleben des alten Orients gespielt hat.

Während chinesische Reisende wohl kaum nach dem Römischen Reich gelangt sind, wird es nicht allzu selten gewesen sein, daß griechisch-römische Kaufleute das ferne Land der Seide besucht haben. So hat ein Mazedonier **Maës Titianus** aus Syrien Agenten auf dem Landwege nach China ausgesandt; aus der Karte des Ptolemäus können wir schließen, daß die Reisenden erst in **Liang-chou**, einem Hauptmarkt im nordwestlichen China, umgekehrt sind, und daß ihre Aufzeichnungen zum Teil auf einem chinesischen Reiseführer beruhen. Während auf dem Landwege die Chinesen als **Seres**, d. h. Seidenleute, bekannt waren, bürgerte sich auf dem Seewege durch indische Vermittelung der Name **Sinae** ein; ein offenbar ägyptischer Kauffahrer **Alexander** hatte um 100 n. Chr. diesen Weg benutzt, um bis nach dem erwähnten **Cattigara** in Tongking zu gelangen. Erst 166 n. Chr. erreichten auf demselben Wege ägyptische Kaufleute die Hauptstadt Chinas. Wenn sie in den chinesischen Annalen als Abgesandte des Königs **An-tun** von Ta Tsʿin bezeichnet werden, so liegen hier offenbar Mißverständnisse vor. Der Herrscher, den die Fremden als ihren Gebieter genannt haben, kann sicherlich nur Marcus Aurelius **Antoninus** gewesen sein. Aber den Namen Ta Tsʿin, d. h. Südaraber, können auf sie erst die Chinesen übertragen haben, für die es ein anderes Kulturland im fernen Westen nicht gab.

Druck von A. Edelmann, Leipzig.

20 östl. v. Greenwich
40
60
Die Verkehrswege
zwischen
CHINA, INDIEN & ROM
um 100 nach Chr. Geb.
von ALBLIIT IIERRMANN.
Maßstab am Äquator ca 1:30 000 000.
Hauptverkehrswege zwischen Osten und Westen
andere Verkehrswege
Chinesisches, bzw. Römisches Reich
Grenzen der zwischen beiden Weltreichen vermittelnden Großreiche
Antiochia, Cattigara = griechisch-römische Namen
Magadha = Namen in Sanskrit
Lo-yang = chinesische Namen
(Kaschgar) = moderne Namen.
m. = mons.
Dacia
Thracia
Macedonia
Pontus Euxinus
Mare Caspium
Alani
Chorasmia
Armenia
Mare internum
Creta
Cyprus
Africa
Phazania
Garama
Alexandria
Aegyptus
Antiochia
Mesopotamia
Media Atropatene
REGNUM PARTHORUM
Parthyene
Persis
Sinus Persicus
Sinus Arabicus
ARABIA FELIX
(Ta Ts'in = Mahā Čin)
Nubia
AETHIOPIA
Barbarica
Chatramotites
Homeritae
Azania
Nili paludes
Mare Erythra
OCEAN
Gedrosia
Carmania
Drangiana
Aria
Margiana
Hyrcania
Gerrha
Charax (Alexandria)
Seleucia
Babylon
Ctesiphon
Ecbatana
Palmyra
Damascus
Tyrus
Hierosolyma
Petra
Memphis
Coptus
Thebae
Syene
Berenice
Myoshormus
Leuce come
Iathrippa
Iambia
Macoraba
Ommana
Didymi pr.
Sarapidis I.
Mariaba
Sabatha
Moscha
Syagrus pr.
Cane
Adane (Wu-tan)
Muza
Ocelis
Adulis
Aromata
Dioscoridis I. (Tsê-san)
Opone
Malao
Sarapium
Nicon
Meroe
Cyeneum
Byzantium
Sinope
Trapezus
Ancyra
Caesarea
Pergamum
Smyrna
Ephesus
Athenae
Corinthus
Tarsus
Edessa
Nisibis
Arbela
Gazaca
Ragae
Hecatompylos
Pylae Caspiae
Persepolis
Harmozia
Roma
Neapolis
Brundisium
Ravenna
Salona
Aquileja
Messana
Sicilia
Syracusae
Melite
Leptis
Cyrene
Naissus
Tomi
Tyras
Chersonesus
Bosporus
Phasis
Colchis
Artaxata
Hadrianopolis
Thessalonice

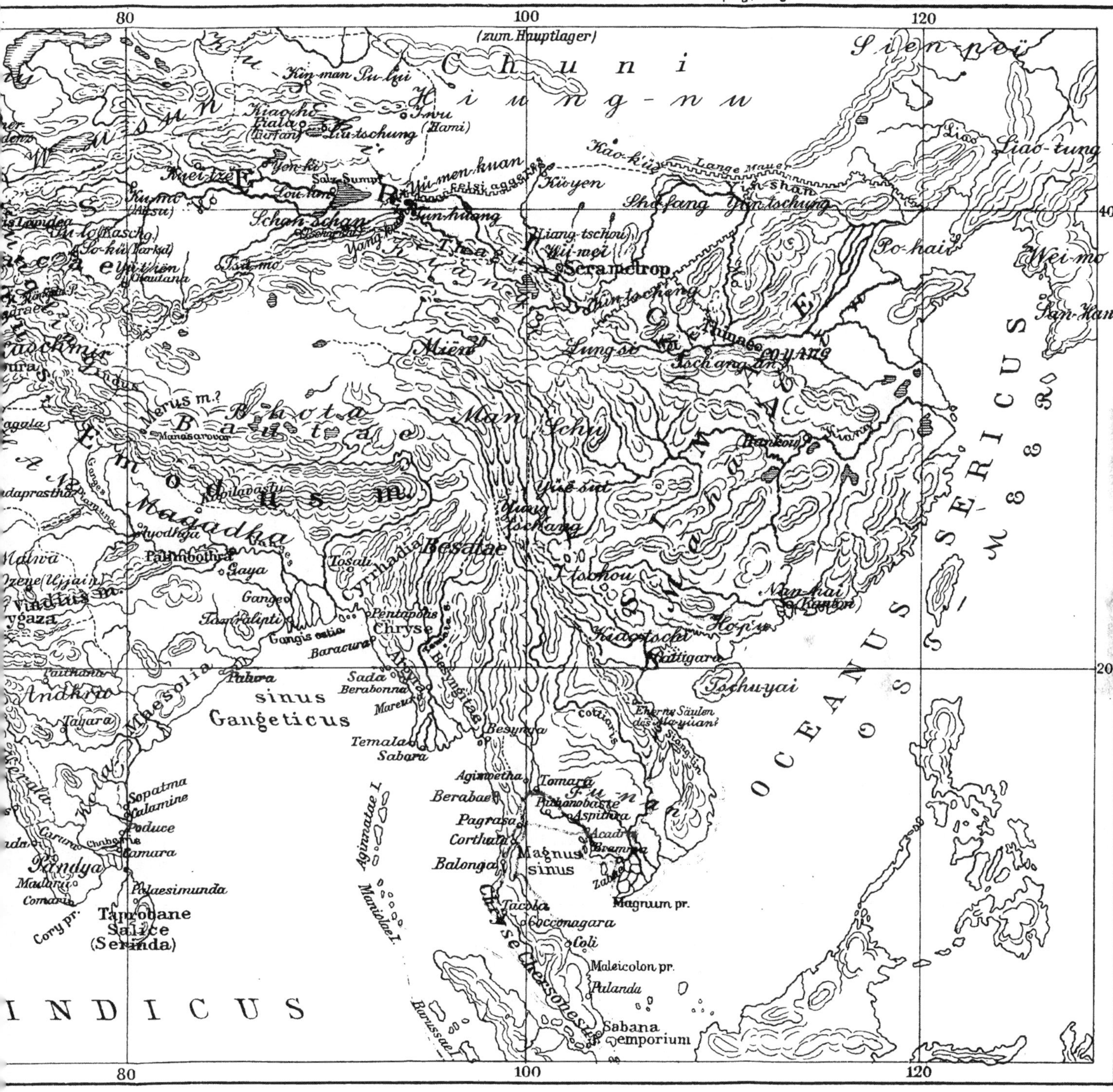
80
100
120
(zum Hauptlager)
Sien-peï
Chuni
Hiung-nu
Kin-man
Kiao-ho
Hami
Liu-tschung
Yen-ki
Kuei-tze
Salz-Sumpf
Yü-men-kuan
Lou-lan
Kü-yen
Lange Mauer
Liao
Liao-tung
Schofang
Schan-schan
Tun-huang
Liang-tschou
Yü-mei
Serametrop
Tsie-mo
Po-hai
Wei-mo
San-Han
Kaschmir
Indus
Mien
Lung-si
Lo-yang
Tschang-an
Merus m.?
Manasarovar
Bhotae
Bautae
Man
Schu
Hankou
Emodus m.
Kapilavastu
Magadha
Ayodhya
Palimbothra
Gaya
Ganges
Malwa
Ozene (Ujjain)
Vindius m.
Barygaza
Tamralipti
Gangis ostia
Baracura
Pentapolis
Chryse
Besatae
Tosali
Kirrhadia
Kiao-tschi
Kattigara
Nan-hai
Kanton
Ho-p'u
Tschu-yai
Paithana
Andhra
Tagara
Maesolia
Paloura
sinus
Gangeticus
Sada
Berabonna
Mareura
Temala
Sabara
Besynga
Besyngitae
Cottiaris
Eherne Säulen des Ma-yüan
OCEANUS
SERICUS
Aginnatae I.
Agimoetha
Berabae
Pagrasa
Cortlana
Balonga
Tomara
Fu-nan
Aspithra
Acadra
Bramma
Zaba
Magnus
sinus
Magnum pr.
Tacola
Cocconagara
Coli
Maleicolon pr.
Palanda
Sabana
emporium
Maniolae I.
Barussae I.
Chryse Chersonesus
Sopatma
Salamine
Poduce
Kamara
Pandya
Madura
Comaria
Cory pr.
Palaesimunda
Taprobane
Salice
(Serinda)
INDICUS
40
20

A. Edelmann, Universitäts-Buchdrucker, Leipzig.

FSC
www.fsc.org
MIX
Papier | Fördert gute Waldnutzung
FSC® C083411

Kolibri 360 GmbH
Ferdinand-Jühlke-Straße 7
99095 Erfurt, Deutschland
produktsicherheit@kolibri360.de